김경조 kskim5809@hanmail.net

경북 문경에서 태어났다.
2005년 『현대시문학』 신인상으로 등단하여
2013년 '임화문학상'을 수상하고
2016년 『사임당문학』 백일장 시부문 장원 당선하였다.
한국현대시인, 국제PEN 한국지부 회원이며
시문회, 벼리 동인으로 활동하고 있다.
시집 『물 묻은 바람을 찾다』(2007), 『기다리는 일』(2010)
『고삐도 굴레도 없는』(2012), 『모두가 환하다』(2014)
『어울림의 의식』(2017) , 『우리는 소보다 나을까』(2020)
그리고 몇몇 동인집이 있다.

김경조 제6시집

우리는 소보다 나을까

이지출판

머리말

간혀 살다 봄이 온 줄도 몰랐다.
매화 향에 놀라 마당에 내려서니
어린 벌들이 나보다 먼저 알았나 보다.

우린 거의 두 달을 몸 사리며
바이러스에 불안해하고
알지 못하는 원인 제공자를 미워하며
수많은 고함을 질렀다.

모두가 옳고
모두가 바르고
모두가 착하다.
우리는 진실로 위대하다.

여러 소소한 앎이 나를 만들었기에
지나온 길에서 만났던 일들의
대략을 간추려 보았다.

이 시집은 나의 예쁜 새아기,
남주현과 어린 형진이가 한 가족이 된 걸
축하하는 선물이다.

또 오랫동안 지도해 주셨던 김석환 교수님의
황망스런 타계로 문학계 원로 한 분을 잃었고
그 상실감으로 두 해 넘도록 힘들었다.
긴 시간 베푸신 따뜻한 정성에 감사하며
선생님께 이 책을 드린다.

2020년 5월
햇살 밝은 風雅齋에서

차례

2부 사물이 주는 앎

3부 현상이 주는 앎

4부 사람이 주는 앎

1부

신성이 주는 앎

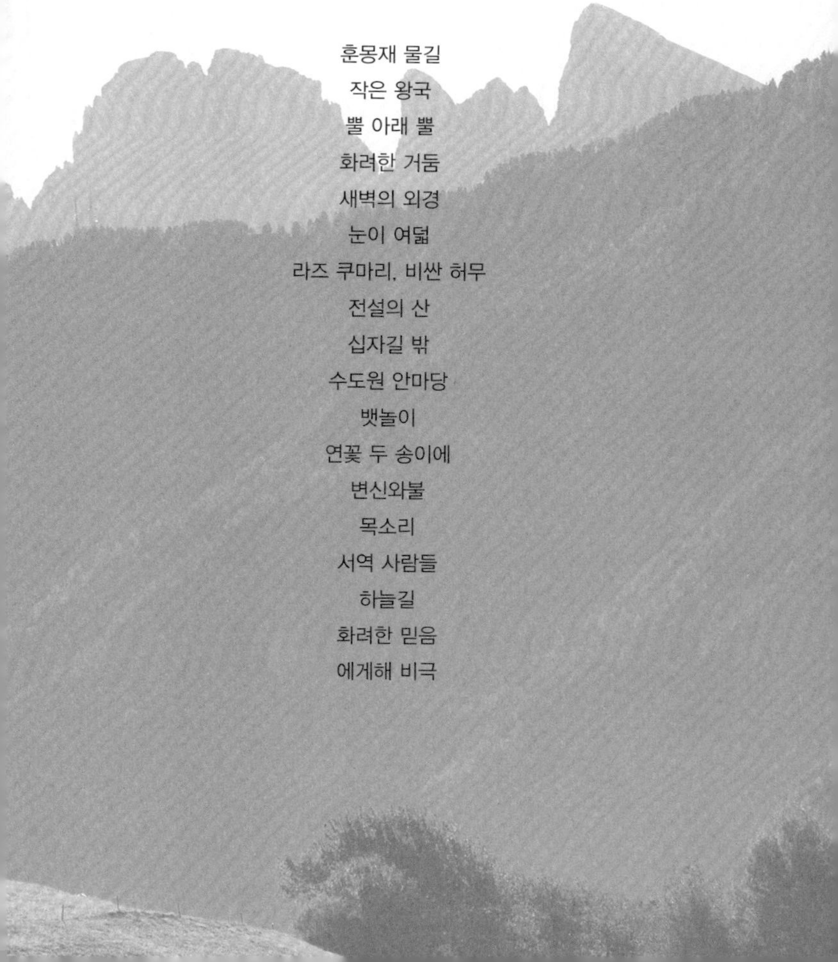

훈몽재 물길

천지가 무진이라
풀잎은 치마 끝을 적시고
낮은 발소리에 달아나는 물수리 하나
산골물 소리는 크고 재빠르다
좁은 골 벗어나는 즐거움이
저리도 전일全一함으로 가득하다니

지척 모르는 무진 속에서
홰치는 소리 낭랑하다
뭔가가 이루어지고 있을
저 하얀 어둠 속이 무서워
부싯돌 두드리며 발길을 내딛는다

일찍 깬 참새가 부리 씻는 샘은
넘치는 물이 아니라 터진 물길이다
남는 땅이 없어라

길 따라 돌아서
도타운 흙내음에 혼자 웃다
폭 넓은 광목 커튼 걷으며
새벽을 두드려 깨운다
무거운 몸 겨우 털어내는
안개 속 새벽이
좁은 논배미에 축축하다

작은 왕국

바위훈장으로 치장한
나무들 사이로
빛이 내리는
산맥 한가운데
하늘의 편애를 모르는
사람들이 사오만

엘 시드는
꿈을 품고 여기 높은 구름길을 떠돌았소
한니발은
이 산을 헤매다 꿈이 깨졌소

꼭 내 품만 한 하늘과
가는 실개울 선사받아
웃고 있는 안도라 왕국에서
나는 편안히 잠자리에 들겠소

곤한 몸을 부리는 이 밤
영웅의 꿈 내려라 달래는
고요한 산바람이 부오

뿔 아래 뿔

진안고원에 솟은 뿔이
너와 나로 나누이고
굳은 낮빛으로 거친 숨을 모아도
맑은 체액 비치는
전설만 남은 굴 앞엔
단풍놀이 손님이 그득하다

자갈로 뭉쳐진 몸
뭉텅뭉텅
살점 떨어지니
바람 든 큰 뿔 골다공이 되었구나

신선의 관은 구름이 실어가고
새 뿔 빽빽히 돋아나
누구를 받으려나

어제도 지고 내일도 질
바윗돌의 무거움을
다시 짊어지는 탑사라
하고많은 뿔이
소란으로 자라는 장터로다
한 사람의
새 세상이 이리도 어지럽다

화려한 거둠

눈부신 조각과 스테인드글라스

산티아고 가는 길목
그 옛날
한 바가지 물을 위해
절뚝절뚝 피 흐르는 발이
성당 뒷문 계단을 내려서면
건너편 멀리
천상을 경배하던 스테인드글라스가
반갑게 맞아

순례자에게만 허용되었던
이 황금계단

층계참마다
피고름 묻히고
흙먼지 묻히는
그 몸 받아 안았던
영성의 화려한 거둠이
전설로 나에게 왔다

새벽의 외경

구분 없는 밤에
묻혀 있던 봉우리들
스스로 붉어지는 빛을 기다린다

슬그머니 어둠을 걷어내고
순서 정해 얼굴 내미는 히말라야
콧등에 맺힌 눈꽃들이
바람 따라 금가루로 쏟아지고
손 바삐
오색으로 터지는 플래시
큰 파도로 이는 셔터 소리

외경
신비
탄성
나 몰래 흐르는 눈물
내 이마에도 찍히는
행운의 붉은 점

여기 노란 유채밭 언덕에서
저 아래 막 눈뜨는 호수에까지
가득 차오르는 환희

이 가슴 벅찬 미감美感에서
날 깨우지 마라

눈이 여덟

흰 산 아래 언덕에는
여덟 눈 가진 신이 산다

깨진 벽돌 골라내는 일꾼도
두어 주먹 생강쪽 파는 노파도
지켜보는 눈을 의식한다

지금은
다가오는 시간을 준비할 때
힘듦도 아픔도
다 지나가리라는 말씀 전하며

주인 없는 개들– 땅에서
굶주린 새들– 하늘에서
배고픈 신음
꼬리를 무는데
신의 눈앞에서
어느 때 배부를 수 있을까
그들 고요할 때는 언제인까

스스로를 녹이는 소금으로
세상을 평평하게
간하지도 못하는
눈 많은 신이 감시만 한다

라즈 쿠마리, 비싼 허무

닫힌 대문을 두드리자
넘어오는 타박이 심하다

입장권에 지폐를 더하고 더하여
머리를 조아린다
"여신님을 뵙도록 부탁드립니다"

열린 대문 안에서
초조로이 기다리는 범인凡人들
ㅁ자 지붕이 만든 ㅁ자 마당과 하늘
마당은 발을 감추고
하늘은 초승달과 샛별을 내건다

약간 남은
살색 하늘이 숨죽여 내려다보는데
등불 아래 성장盛裝한 꼬마가
붉은색으로 순간을 스치고
이층 창이 닫힌다

뭐야? 뭐야?
뭐가 지나갔지?
이건 아니지
이렇게 비싼 허무를 팔다니
면죄부 팔던 교황이잖아

쿠마리 : 네팔에서 신으로 숭배받는 5세~12세 초경 전의 소녀들로
수도에는 라즈 쿠마리가 현존한다.

전설의 산

예수를 매단 사내는
이 산에 올라도
용서받지 못하고
그 사악함의 표시가
용으로 살아 있는 필라투스

한 봉우리로
알프스에 맺혀
죽음을 베푸는 날, 오늘

구름에 묻혀
번개에 깎이고
천둥에 울며
긴 시간을 몸부림친다

이 지독한 폭풍우 속에서

십자길 밖

하늘의 종으로
사람의 종으로
살아온 돌담 너머로
긴 그림자 지나고

하늘가 맴도는
베사메 베사메무우~초
내 님의 뜨거운 입맞춤은 언제였나

십자길 밖으로
아이 울음소리 숨가쁜데

모슬포
난주 띠집에 떠도는
꽃치자 향내마저도
복종의 씌우개
마리아의 무명치마
황톳빛에 가라앉는다

수도원 안마당

그녀들은 알았을까
어린 자신들이
왜 이 어둠 속으로 보내졌는지를

우엘가스 수도원

온기를 나눌 줄 모르는
차디찬 지하 돌바닥을
저리도 윤나게 닦으며
누구를 위해 기도했을까

햇살 따가운
수도원 안마당을
돌고 돌아도
그녀들의
하나님이 누구인지 알 수 없어

경계를 짐작지 못하는
나의 의문은 커져만 간다

뱃놀이

봉선사
비로자나불 불러
이른 매화 보잤더니
두 눈 내리깔고
한참을 망설이다
엄숙한 입매
마지못해 내려놓고

뱃전을 서성이는
화려한 가사자락
이수伊水 따라 웃는다
봄물 오른 강 따라
볼록볼록
양볼이
한나절을 웃는다

연꽃 두 송이에

나는 그 소원을 안다

봉암사 너럭바위
마애불 앞에 앉으면
그 님이 받아든 연꽃 두 송이
벌지 않은 꽃송이가
향기로운 세상을
조심조심 기웃거리고
무릎을 싸고도는 가사자락
솔바람 따라 푸르게 흔들릴 때
갈아진 돌확마다
숨어 있는 여인들의 가슴앓이,
가슴앓이 들린다

내 가슴 이리 아려
돌공이를 갈아 봐도
꿈길인 양 헛돌고 헛돌고

그 님은 말이 없다

변신와불

누운 여인이 곱다

긴 속눈썹과 짙은 아이라인
색 맞춘
분홍 입술에 분홍 매니큐어
반만 가린 젊은 몸이
밖을 기다린다
화려한 금가사 물결 따라
발치로 걷다보면
여인은 간 곳 없고
부처님만 조용하다
붉은 발톱
그 아래
발바닥에 박힌 백팔 번뇌

내 허름한 삶으로
님의 발바닥 닦는 화려한 꿈을 꾼다

목소리

산은 돌산
한덩이 돌산 우에
물이 고여
큰 거북이 헤엄친다

돌비석 등에 업고
바다를 응시하는 눈이 시퍼렇게 충혈되어
나룻배도 없는
한낮의 벽파진을 울린다
단호하고 간절한
그의 목소리다

내 앞을 막아서는
온몸으로 나부끼는 깃발들
그 사이사이로
명량바다 기상 전하는
편액들이 촘촘하다

서역 사람들

계시 받던 날
용마루에 걸렸던 하현달에
예배 종소리 퍼져
수천 년 계율이 오늘도 신성하다

가장 깨끗한 몸으로
가장 엄숙한 예배를 드린다
이끄는 자 없는 하루를
수레에 태우고
두 손을 배 위에 얹어
자기 마음에 기도를 한다

생각만 해도 눈물이 나는
형제를 위해
서약이 없어도
몸 바칠 각오는 단단하다

평생 하현달 닦은 청소부
아들에게 이 일 권하여
신성 잇는 모스크 마당에서
그 소리 오래 듣고자 한다

하늘길

너를 보내야 한다

구름이 무거우면
흰 눈만 쌓여지는
이 자리에 그저
바람이 아우성만 섞는구나

어느 골짜기에 잠들어 있느냐
너의 가슴도
너의 기도도
여기에서 보내야 한다니
아, 아득함이여

산들이 둘러막은 자갈밭에
무릎을 꿇는다

고요
거침
높음
광활함
더할 수도 뺄 수도 없어
이름 지어진 여기,
신들의 정원에서
모습 없는 너를 보내야 한다

화려한 믿음

같은 불상으로 태어나
어느 분은 경배 받고
어느 분은 그림자 되고

저 많은 눈들이 보내는 찬사
금빛 화려한 모습이
빛나는 천장에 부딪쳐
세상 귀에 부러운 소문으로 떠돌아

먼 길, 구도의 바랑에 들었던
작은 목불 앉을 자리가 없고

문 밖에 선 돌가루다
그 영험을 알지 못하고
금부처 앞에만 몸 굽히는 사람들

에게해 비극

나는 이리도 거대한 묘지는 처음 봐요
붉게 묘지를 물들인 해는
고혹의 몸짓으로
어둠에 손을 내밉니다
그 어둠 속에서
부당한 일도
정의로운 일도
아닌
그냥 떠나는 배를 만나 올랐지만
검은 묘지는 그대들을 삼켜
한낮엔 푸르른 보석이 됩니다
가장 아름다운 묘지
가장 슬픈 묘지
그대들 고향은 어디입니까
왜 고향을 떠나
이 바다에 뛰어듭니까
그대들 묘지 앞에 앉아
가슴 삭히는 바닷물만 봅니다

2부
사물이 주는 앎

그림, 게르니카

분노다

무채색
그것이 그의 마음
그것이 그 공간의 것
그것이 그 현실의 것

달려드는 포탄에
그리도 빛나던 젖가슴이 먼저 터졌다
폭격에 꺾인
어린아이 위에서 아래에서
죽어야 했고
살아야 했다

작은 불씨 하나
그것을 쫓는다

나는
오늘에야 그 불씨를 건네받는다

그 섬의 언덕

저 멀리에서
거친 바다가
나를 보고 있었다
앞 바다도
뒤 바다도
발아래 돌마저도
시답잖은 나의 언저리를
자주 넘어서곤 했다

언덕, 그 자리에 앉아 돌아보면
별들은
언제나 내 등을 지켜보고 있었고
옆자리 돌들까지
언덕을 떠나지 않고
파도를 만들어 이리저리 나를 굴렸다

파도는 바다에만 이는 게 아니었다

가만히 생각해 보면
나는 저 아래 독살에 끼인
잔돌 하나보다
훨씬 못한 것이었다

호수, 페와

젊은 마야가 젓는 노에
몸을 맡긴다

소리 내어 땅을 일군 사람들이
보리수에 속삭일 때
하얗게 몸 얼리는 안나푸르나는
매끄러운 수면 아래로
오늘의 시간을 적어 넣고

등에 업힌 아이는 해맑게 웃고
여인은 호숫물에 마지막 그릇을 헹군다

여태
물 가운데 앉은 사원엔
구복 발길 분주하지만
오늘을 다 받아안아도
밤의 들머리에서
싸늘한 외로움에
푸른 멍으로 짙어지는 페와 호수

등산길

중산리로 길을 잡으면
뜨거워지는 가슴 때문에
살아 있는 육신이 기쁘기도 하고
시들어 가는 육신이 서글프기도 하다

내려다보이는 구빗길은
여윈 몸을 숨겼다 가끔 드러내며
늦은 발길 타박 없고
빠른 걸음 잡지 않지만

누가 대신 걸어줄 수도 없는 길
삶의 여정이다

모두 제 힘껏 걷는다
급한 길을
정성으로 걸어야 하는
이 산도, 여느 부모처럼
편애를 모르는 어머니다

우리는 소보다 나을까

데칸고원 작은 공터
마지막 숨을 모으는 흰 소 한 마리
멋대로 살던 소들이 한순간에 모여들어
지는 목숨도 산 목숨도 눈물범벅이다

뿌연 풍경 속으로
이리저리 몰려도
목숨에 대한 서글픔으로
생사를 선택할 수 없었던
나도, 그들의 이별에 동참한다

큰 소리로 울지 않고
몸부림으로 뒹굴지 않는
날것들의 이별은
그저 처연하기만 하다

우리는 영리하여
외로운 자신을 죽이기도 하고
타인을 위로하며 슬피 울기도 하지만
스스로를 위해
땀흘리는 목숨일 뿐
이웃의 죽음에 그저 담담한데

죽어 가는 길동무와
눈물의 마지막 인사를 나누는
야생의 소들보다
우리는 얼마나 더 우월한지
나는 궁금하다

젊은 여자

안개에 덮여
물감에 섞이어
희미하게 서 있는 도시
토스카나의 붉은 대지 위
중세 그 도시 골목들
여전히
조금은 남루한 길모퉁이 헷갈리고
어제와 달라지는 건
작은 창이 내려다보는 내 몸뿐이라
무심한 아름다움에
모자라는 언어를 아쉬워하며
천장과 기둥 벽
바닥들에 두툼한 도장을 누른다
많은 경외의 순간마다

그러나
모나리자 그 젊은 여자는
왜 이 도시를 탈출하여
이해되지 않는 웃음으로
나를 유심히 살피는지

얼빠진 욕심

에멜무지로 30분만 늦추자는
이륙 지연 부탁에
개선장군 같은 여유로움을 안기는 여기는,
완벽히 가진 자의 땅

눈앞으로 바싹 달려드는 영봉들과
손키스 나누며
히말라야 등허리에 날아올라
그 안을 살아 나온
차거나 뜨거운
제 피 가진 모든 것들이
숫제 영원으로 얼길 바라는

또 한 번 솟구치는
아, 밑간 데 없는 나의 욕심이여

작고 좁은 땅

직각으로 내리꽂힌
피레네의 배꼽은
향기로운 꽃내 가득하고
부드러운 빗소리로
걱정 없는 단잠을 재운다

가파른 산길 아래
하늘이 마련한 작은 땅
돌 깎아 벽 만들고
길을 냈더라

뜨거운 여름 햇볕에
덧창이 뜯겨 나가
알유리들 일광을 즐기고
험한 길 저 아래로
초원 누비며 소떼가 노니는
혁명의 땅이 보인다

그대를 기다리네

시린 강가에서 기다리네
선홍빛 치장한 그대를 기다리네

나의 아비도
나의 아들도
눈숲 바늘잎나무도

저리도 날개 큰 새
누가 불러 모으는가
차가운 바람 속으로
온기를 버리고 날아오름은
그대 때문이라

그대 향한 연모로
적은 햇살 더욱 묽어져도
특별히 크고
특별히 아름다운 그대가,
돌아오는 물길 바라보네

신이고 사랑이고 곡식인
그대를 모시려
기다리고 기다리네

막국숫집 잠룡

안주인이 내놓는
먼지 묻은 바둑판 하나
두툼한 옆구리에
용龍 한 마리 홰를 치고 돌아
기상을 높인다

솜씨 있는 각쟁이가
정성 쏟은 작품이다

주인은 가고 없는데
지난여름
불현듯 찾아온 백발진 각자刻者
막국수 한 그릇에
오후내 쓰다듬고 어루며
용과 함께 놀았노라고

수식 가득한 애호가들의 입
저마다 사의를 표하고
안주인의 성화는 달아오른다
한 사람 나서
한 뼘도 못 들자
인상 한 번 안 쓰고
방안을 휘어잡는 피나무바둑판

신난 안주인의 거친 걸레질에
다소곳이 어설픈 구석으로 물러나
잡다한 것들 받아 머리에 인다
새 세상을 기다리는
은자의 품새로 차곡히 비늘을 접는다

낚시하는 새

속나래 꺾인 나는
사철
벼가 자라는 소릴 듣는다

종일 비는 부슬거려
물속 누비는 꿈속에는
마음껏 활개쳐
내가 잡은 고기
배부르게 먹고
아이 키우고

바닷가 키 큰 바위는 먼 그리움
도두당한 날개에
신이 내린 야속한 숙제로
어느 한 철 아침이 느긋할까
언제 한 번 까맣게 윤나는
마른 깃털 골라볼까

안개비 속에서
본능을 목 졸려
잠수를 강요당하는 아침
괜한 외마디 울음만 울어본다

오아시스를 찾는다

모래폭풍 속을
지나고 있다
한 마리 혹 달린 짐승도 없이

오아시스를 찾는다

마른 물병이
혀를 핥을 뿐
누군가 그려놓은 극락을 기다리고
숨겨진 분지를 지날 때는
온갖 매듭 풀어져
내 어미가 창조한 것만 남았다

곱기만 하던 색동주머니
색 바래고 끈 떨어져
모래에 묻히고
흔들리는
빈 물병만 나를 지킨다
어디로 가야 하나

오아시스를 찾아야 한다

철길, 칭카이 절벽

그대가 만든 철길을 달리오

그대 아직 아파하는가
침묵 아래 고였던 젊은 피가
밤마다 꾸던 꿈도
아침마다 다짐하던 희망도
슬픈 기적 따라 흩어지고
젊은 힘줄 끊어 이은
철길 아래로
사위어진 그대들
숨소리 없어도

오늘
깎아지른 절벽
피 묻은 손자국에 내 손 겹쳐
그대들 슬픔을 나누니

부디
숨찼던 가슴 고이 내리시오
저리도 수많은 손들이
그대 가슴 쓸어내리니

모스타르 올드브릿지

1

우리는 한 골목에서
아침을 맞고 저녁을 보냈지

저 푸른 계곡물을 나눠 마시고
잔돌 박힌 비탈길 달려
무지개다리 건너서
너흰 우리의 사촌을 모시고
우린 너희의 사촌을 모시며
누이들의 웃음 속에서 안방을 넘나들었지

2

어느 밤
나의 총알이 너의 창을 깨뜨리고
너의 총알이 나의 심장을 겨누고

포탄이 장대비로 쏟아져
돌지붕이 내려앉는 그 틈에서
너희는 내 누이들을 타고 뛰놀다
젖가슴을 도려내고 목젖을 땄지
치를 떨며 죽어 가던 누이들을 똑똑히 보았고
내 가슴은 패이고 패여
피샘이 되었다

저 새파란 물에
내 피 묻은 옷을 빨던
어머니마저
날선 칼날에
핏물 따라 속절없이 멀어져
또 가슴을 뜯었다

3

너희가 보낸 선물 자국
이리도 선명하고
내가 보낸 선물 흔적
저리도 선명하다

그래도 손을 맞잡아야 하고
대문 열어 오가야 했다

함께 파괴한 오래된 시간이
새 생명 얻어 반들거리고
우리는 다시 난간에 올라
아찔한 풀빛 계곡물에 뛰어든다

여보게 친구
어색한 표정은 숨기지 말자
미안한 말로 애쓰지도 말자

저무는 햇살 뒤로
젊은이는 무지개 위에서 사랑을 하고
아이들은 어깨동무를 한다

우리는 이 아픔을
오래 간직해야 하기에
나는 저 다리 건너
지금 너의 대문을 두드린다

보스니아 내전 : 1992년 5월 25일~1995년 12월 14일, 세르비아계(정교)가 보스니아계(이슬람)를 공격하면서 시작되어 크로아티아계(가톨릭)까지 분쟁에 휩쓸리며 서로 인종 청소를 진행하였다.

어울림의 담

보성 어느 마을 담벼락에
ET와 아기 안은 원숭이 손을 잡고
키 큰 기린 둘이
네모난 창에 목을 들이미니
자전거 탄 인어공주
힘차게 웃더라

먼 나라 어느 담벼락에도
곱슬머리 할머니와
총을 맞고 피흘리는 소녀
전쟁에 나서는 소년
이름을 알 수 없는 꽃과
물고기와 벌레들
해와 달이
서로 편안하더라

모두 한 폭에 모여
밀침도 당김도 없더라

청량산

그대가 푸르오
바람 사이 비집어
푸른 햇살 속을
훠이훠이 온몸으로 걷는 그대
뒷등도 보기가 좋소

석간수가 만든 수렴동
오가는 바람 잡아
더운 머리 감기면

청淸이 더 시원하오?
량凉이 더 시원하오?

암자 산초잎처럼
푸른 무지개 그리는 그대
얼음물로 청량을 만들었나 보오

합창

다른 시간 살아온
몸 작은 몽돌들의
합창 성부는 누가 맡았나

짐승이 힘을 잃고
사람이 지혜를 자랑하여
귀퉁이 닳은 해변
긴 행진 따라 귀를 누이면
놀란 바람 사이로
몸 헹구는 소리들
살 비비는 노래들
조심조심 퍼지니

누가 돌은 침묵한다 하는가
누가 파도는 부서진다 하는가

금슬의 숨소리라
작은 물살에
몸부딪는 영롱함은
누가 지휘하는 합창인가

강진행

그 여자 처음 만나던 날
자식새끼 섬으로 낳을 줄 내 알았소
모양 다르고 색깔 다른
온갖 목숨 낳을 줄도 알았소

역시나 오늘도
펑퍼짐하게 양다리 벌리고 누워
아홉 집 수챗물
거르고 또 걸러
푸근히 푸근히 목숨들 기르고
시간 쪼개어
달려갔다 밀려나는 다른 물에
애기집이 불어터지도록 생명 낳으니
나는 내일도 배가 부를 것이오

뻘이 엉겨 땅이 된 여인아
다리 사이로 출렁이는 서러움 깊어도
반 삭만 쉬어도 세상이 썩어지니
누가 그대 가랑이물 역하다 삿대질하랴

맑은 빛 나리면
맨몸으로 멱을 감고
흰 눈 날리면 흰가루 먹는
그대가 부러웠소

그댄
여자로 내게 왔고
여자로 그에게 갔소
골골 동백꽃이 그대 무릎에서 놀던 날
저 하늘마저 같이 놀아
그대 참으로 아름다웠소

3부

현상이 주는 앎

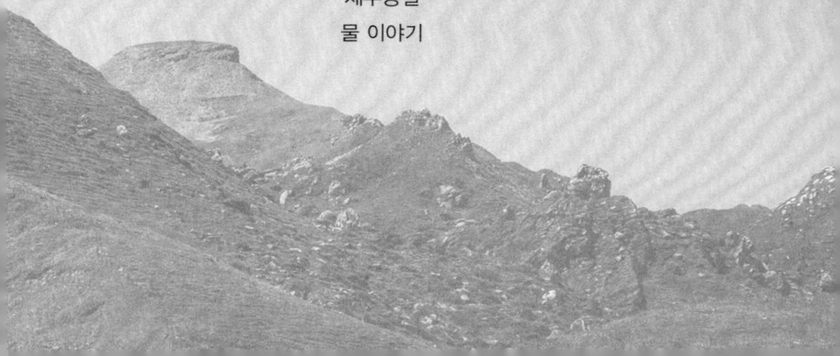

음악 풍경

마른 나뭇가지를 떠나지 못하는
저 새들
몸 털어 깃 세우며
아직 피흘리는 싸움을 꿈꾸는가

앙상한 바이올린이 치맛자락을 문다
손을 놓지 못하는 바위의 이빨
금간 암석들이 눕는다
저리도 삭막한 풍경에
이리도 풍성한 음악이라니

열렬히 짝짝이를 두드리는 손가락
한순간의 열정이 숨가쁘다

현란한 악기 소리는
신심을 빙자한 무한의 욕심인가
길을 강요하는 소리
금덩이를 찾는 소리
피를 요구하는 소리

아, 미루나무
저마다 반짝이는
수많은 웃음소리가
손뼉에 묻힌다
에스파냐 음악 소리에 날 빼길까 두렵다

한 발 더 밀려난다

이 두려움은 무엇인가

소소한 감기 닮은
이 역병을
강 건너 불 보듯 하다
눈앞의 불똥이 되었다
서로를 원망하고
서로를 물어뜯는다
수고양이처럼 밤낮 괴성으로
거리를 불러모은다

상점은 문을 닫고
마스크는 세계를 찾아 헤맨다
병원이 넘치고
공장이 숨을 죽인다
모든 일요일이 집에서 잔다
도심이 넓어지고 불안도 넓어진다

온갖 짐승들
마음껏 넘나들어 제집 만들고
꽃은 숨 넘어가게 피는데

편 가른 삿대질에
이익 저울질이 바쁜 사람들
봄날엔 작은 불씨에도 부채질 마라
사탕발림하고 물 먹이지도 마라
우리를 수치스럽게 만드는 자들아

우리는 시민이다
우리는 스스로 사는 사람들
자기 자리를 지킬 줄 안다

내 몸 조심하는 작은 일이
가장 큰 일인 줄도 알고

스스로를 속이지도
여럿을 기만하지도 않는다
서로 격려하고 배려하며
미워하지 말 일이다

아픈 사람과 고치는 사람 그리고 관련자들
모두 자기 일에 꾸준하다
그 힘든 밤낮 사이에
누구는 효과가 있고
누구는 심상치 않다
어떤 이는 집으로 돌아가고
어떤 이는 자연으로 돌아간다

연대와 협조가
두려움의 제거제인 줄도 알지만
치료제도 마스크도 될 수 없는
문학은 한 발 더 밀려난다

이런 땅이

생불들이 산다

향장목 아래를
맑게 걸어가는 사람들
곧게 허리 세워
먼 산을 부르는 눈
평온한 낯빛이
내 할머니의 생전 모습이다

이런 땅이 있다니

혹시
해친 생명 없는지
맨발로 밟은 땅을
돌아보는 온전한 세상
나 모르는 곳에 있었다
침묵하고 있었다

사람 사는 하늘

아침 햇살 몰려와
무거움 보이지 않아도
비어 있지 않은 여백

진한 안개 속에서
층층의 논둑을 드러내는 다락논
걸어도 끝닿지 않고
잡아도 잡히지 않는
저 황금사다리는
사람이 하늘로 오르는 길이라

하늘에서 나락이 익고
붕어가 자라고
염소가 새끼를 치는 외진 산골

눈썹 같은 논둑이
가쁘게 안개를 몰아내어
해바라기 즐기는 곡식들 사이로
구름 나르는 논물도 한가로운
하늘에, 사람이 산다

황량

성장의 계절에
목을 들고 자라는 게
아무것도 없다
작은 발을 땅에 맡긴
풀, 그녀들의 영혼은
오랜 목마름에 허공을 맴돌고
텅 빈 저 넓은 평원
편안한 가슴으로 쉬는
휴경지가 아니다

수혈을 소원하는 모든 생명들

어떤 세균도
발 내리지 못하는 한지旱地에
숨 닫는 환자들 두고
나는 지금
어디로 가고 있는가

안개비 내리는 땅

안개가 내린다
비 되어 내린다

어제도 오늘도
태양은 부족하고
내일도 안개비가 내리는
땅

그래도 핏빛은 붉어
함성을 만들고
주먹 들썩이며
간절히 간절히
조아리는 고갯짓

아, 더블린이여!
이 땅 우리처럼 서러웠고
이 사람들 우리처럼 아팠구나

프로방스 밤길

외로운 나무에 별빛이 쌓이고
몸을 떨던 빛을
어둠에 빼앗긴
남자는 야광충이 된다

붓질로 사이프러스를 심는 야광충

뿌리는
밤의 두께를 가늠한다

냉랭한 어둠의 얼굴은
솟아도 솟아도
벗어날 수 없는 별빛 아래
차라리 너를 심은 손을 놓으리라
깊이 다른 외로움은
나눌 수도 없으니

확인

어딜 봐
내 눈 안 보고

보고 있어
보고 있다고
잘 보여, 네가

안 보는 것 같아
꼭 인형눈같이 새파랗잖아
우리 노할머니보다 더 안 보이는 것 같아
내가 보이긴 해, 정말?

그럼, 넌?
꺼먼 눈동자로
내가 보이기는 하니
나도 궁금하다고

메마른 먼짓길

안쓰런 하나님의 스페인이여

이 땅에서 만난
울지 못하는 새
포식과 목욕의 욕망으로
나를 응시하는구나

듬성거리며
마른 들판 꾸미는 전봇대와
키 낮은 해바라기만 남기고
다 가져가는 여름창

메마른 먼짓길 저 끝
풀은 가라앉고
여윈 귀뚜라미의
슬픈 유언이 들린다

나의 자손들아
그래도 이 땅은 너의 것이니라

실낙원

제노아에 해가 뜬다

물이 맑게 솟아
신선한 공기를 만들면
네모난 왕궁 하늘에
아침 햇살 곧게 피어 밝히는
이 빠진 대리석 층층대는
누구를 향한 오름이었을까
처마에 매달려
바다를 주시하는
섬세한 하얀 얼굴들은
누구의 손님인지
누구의 간절함인지

총을 숨긴 왕들이여
독을 품은 왕녀들이여

출렁이는 바다 위에서
금밥을 즐기고
천당을 맛본 그대들,
그곳
실낙원의 사특함은 여전하구나

봄날의 설국

매화 피고 큰 눈 내려
나는 설국으로 간다
흰옷 입은 나뭇가지들
언 몸 안겨 포근한데
눈발에 언
임의 얼굴 걱정
고산 지키는 화정 선생뿐이랴

봄길로 가다
설국으로 발길 돌리며
가마솥에 오르는 고른 김발 같은
아지랑이도 잊는다
눈밭에 갇힌 내 님 찾아 사방을 살피다
봄눈에 눈이 팔려
눈발만 즐긴다

석양

지는 해를 기념한다

호압사 솔밭
나란히 자리한 긴 의자들
빈 칸 없이 채워진 몸들이
침묵한다
낯빛이 붉어지도록
하늘이 마구 붉어져
보이지 않던 마음들이
서로를 어루만지고
남면南面한 부처님도 붉어지는데

발아래
즐비한 아파트들
열없이 밝아진다

오지에도 사람이 산다

산속을 가면
풀마저 숲이 된다
발자국도 남기지 않는 땅을
느리게 나아간다

이 구름과 저 구름 따라
소롯길 가는 나는,
나는 얼마나 작아지는지
찾아가는 발길이 맑아진다

꿈길처럼 아득한
그곳에도 사람이 산다
시간 따라 익어 가는 사람들이 산다

이리도 깊은 산속에
끊임없이
사람이 사는 건 신기루다
익어 가길 꿈꾸는
내 발길도 신기루는 아닐까

훔쳐보기

저들은 즐겁다

한낮 열대의 물속에서
그들은 동물이고
암수다
급류에 실리기도 하고
서로의 등에 실리기도 하는
반라의 젊은 여인과
집채만 한 코끼리
앵무깃 바람이 지나고
햇살과 어울려
목젖이 보이도록 웃는
미끈거리는 몸이 반짝이면
회색빛 수컷은 마음껏 물을 선사하고
여자는 목마를 탄다

깔깔거리는 웃음이 물소리를 이기고
종 다른
수컷의 표효는 숲을 가른다
저들의 한낮은 이렇게 즐겁다

잠깐 그들만의 즐거움을 훔쳐본다

승부역

필렛 난로가
소리 없이 시간을 태우다
서는 곳

세 평짜리 하늘로
함성 따라 오르는
조잘대는 아이들의
높은 웃음소리
나이 든 아낙들의
함박웃음소리

신기한 눈길이 모이는
세 평짜리 꽃밭도
이젠 외롭지가 않아

천천히 열차가 움직이고
승부역 작은 역사
따뜻한 손을 흔든다

체부동길

체부동길을 걷는다

가보지 못한 골목이
이리 많은 걸
만나지 못한 사람도
이리 많은 걸

정답기도 해라
낮은 지붕 작은 창들

잔가지 골목이
일 많은 집집을 잇는
체부동길을 걷는다

물 이야기

찰박거리는 작은 배
얇은 뱃바닥에 누워
물속 이야기를 듣는다

지는 해가 뿌린 물감 따라
입 풀리는
커다란 이야기자루
물에 빠진 아기새 건져
풀밭에 내려놓고
어미를 기다리는 어린아이처럼
달 뜨는 줄 모르고 듣는
인레 호수 이야기

마을마다
집 다르고 옷 다르고
일 다르고 밥 달라
꽃 다르고 향내 다른
이야기들, 자루에 차곡차곡 쌓여지고

분홍빛 수련은 잠든 지 오래
파란 이야기자루 검붉게 변하여
저녁거리 실은 쪽배
외발 노櫓로 급히 내 곁을 지나고
하늘에 달렸던 초승달 다른 하늘로
샛별 함께 숨고

급히 묶은 자루
어둠이 앗아갈까
점잖은 사공을 다시 재촉한다

4부
사람이 주는 앎

순례길

당신은 어느 산모퉁이를 지나고 있습니까
얼어 미끄러운 그리도 몹쓸 산길을
온몸으로 닦으며
오르는 길인가요
내려가는 길인가요
나는 오늘도 멈출 수 없는
한길에 서 있습니다

혼자서 걷기도 하고
어울려 걷기도 하고
넓은 길과 좁은 길을 걷기도 합니다

당신께선
혹시 이른 바람이 남기고 간
매화향기를 만나셨다면
마음껏 즐기시기를

저 뜨겁고도 잔인한 소금밭을 지나야 할
아직도 먼 순례의 길에서
그 향기는 위로가 될 것입니다

겨울에서 막 깨어나는
질퍽거리는 이 산길을 걷는
나의 순례는
꼭 67년째로 접어듭니다
끝내 우리가 만나야 할 신은
우리 자신일 것입니다

당신은 몇 년째 이 순례길을 걷고 있습니까

차밭의 여인들

바람의 독촉마다 새잎은 돋아
손톱 밑으로 검은 강물 흘러넘쳐도
여인들이 꾸미는 언덕배기 신전은
꾸준한 발소리만 듣는다

환상인 양 이어지는 안개 속에
지난 이틀 봄추위로 향미 더한
첫 차에 다가서는
싸늘한 주인의 다짐이
남겨진 어린 것들 칭얼거림보다 더 가까운 걸
그네가 모르겠는가

정직한 땀을 보상하는 차밭은
매시간 다른 얼굴로
꿈꾸는 여인들과 온기를 나누어
식은 점심밥이 따뜻하기만 하다

스스로가 파는
여인네의 깊은 샘은
하늘마저 대중을 못하고
차향까지 그려내다
먹물 스민 거친 손금들이
두고 간 급한 발자국에
찬이슬이 대신 발을 들이민다

야간비행

코고는 소리다

잠 못 드는 종족만
푸른 화면에 빠진다

작은 식판에
잠깐 데워진
피곤한 승무원이 스친다
아슴하게 내려앉는 그 눈이
휴식을 원한다

코고는 소리가 진해진다

지나가는 승무원과
귓속말을 건네고
하얀 잔을 건네받는 불면의 손

속눈썹 흘리며 잠든
옆자리 여자가 참 부럽다

내 이름은 나일까

남의 국경 밖에 서 있다

낯선 곳에서
내 이름을 믿어 줄 사람은 얼마나 될까
실체를
종이쪽으로 증명하는 순간까지
문은 닫혀 있고
나는 여기 서 있어야 한다

나는 서류 속에 끼워진 숫자였다

언제부터였을까
나를 대신하는 숫자에 묶인 유형수가 된 게

임시여권이 실체를 증명하여
국경이 열리길 기다릴 뿐
어떤 기도도 통하지 않아
동그마니
국경 밖에 서 있다

해변화

마티스의 화폭이다
살갗을 태우는
반라의 여인들이 마음껏 넘실거린다
화가의 화병에 꽂힌 꽃처럼
뜨거운 바람에 붉게 출렁인다

바다는 비워 두고
갈색으로 익어 가는
색 짙어지는 여인들을
별다른 감흥 없이
바라보다

모래판을 달구는 태양 따라
소리쳐 부르는 바다를 옆에 두고
보잘것없는 화폭 속을 거닐어
벗은 여인들 틈에 누워 봐도

내 손등 흑점만 짙어진다

산티아고 길

발자국 소리가 들린다

비둘기 날아오르는
성당 지붕 너머로
굽이져 보이지 않아도 들리는
바짝 마른 신음소리들

생사의 축제를
한 가닥 밧줄로 하늘에 매고
팜플로나 조가비에
입을 맞춘다

산티아고 가는 길

그 먼 길에서
자신을 만나고 돌아올 그들에게
존경의 언어를
부디 안녕이란 인사를

그 남자를 만나다

그 남자는 기다리고 있었다
내 삶 전체에
그렇게 그렇게
붉은 등을 들고서

늦은 내 발길 원망도 없이
로시난테 멍든 등에
입술을 부비며
낡은 망토로 감싸진 주름진 손으로
아름다운 둘시네아가 아닌 나를,
나를 기다리고 있었다

플라타너스잎이 지기 전에
그의 억센 손을 잡은 게
참으로 다행이다

눈물이 떨어졌다
그도 울고 나도 울었다
마주 잡은 손은 금방 차가워지고
가슴과 눈물만 남았다
바라만 보던 세르반테스
그 남자도 눈물을 닦았다

해변에 누워

바다 곁에 누워 본다

데워진 모래알은 따스하고
그 큰 눈은
푸른빛만 되쏘아
미간 주름을 깊게 판다
하늘 두드리는 소리로
밀려왔던 물
젊은 사내의 꿈틀거리는 힘줄로
밭고랑을 만들어 따라나선다

죽음의 이유를 모르는
저 많은 조개껍질처럼
모래방죽에 쌓이는 내 마음

젊음에 대한 그리움도
꿈에 대한 열망도
돌려놓을 수 없는 시간으로 몰리어
이제 마음만 바쁜데
새파란 바다도 저리 한숨 깊으니
내 근심은
꼬다 만 새끼줄마냥 풀린다

오직
말하지 않는 사랑으로
곁에 누운 사람이 위로다

사가잉 언덕

사가잉 언덕에 서면
나는 달라진다

마른 풀밭에
서늘한 강바람이 오고
붉은 태양이 오면
새도 바람도
추앙의 기도를 올린다

순박한 사람들이
마음으로 쌓아올린 벽돌탑
그 앞에 몸 낮추어
거짓 없는 이름이길 기원하는
나의 마음 부끄럽지 않길 바라고

개미가 망설임 없이 길을 만드는
넓은 햇살 아래서
밤을 꿈꾸는
반딧불이 된다

다시
그 언덕에 서면
나는 또 달라질 것이다

섬에서 걷다

명도가 재어지지 않는다
순도 높은 햇볕이
군불 지펴
물도 갯돌도 알몸으로

생긴 대로 품새 벌린
골목골목을
넘나들던 말풍선이
귓가를 맴돌다 바람 아래로 가라앉고

어찌 숨김이 없겠는가
어찌 다툼이 없겠는가

어제 씻은 발로
욕심 없이 걸어본다
웃마 아랫마
낮은 담 낮은 지붕
뜨거워진 돌길에 떠돌던 말들
푹
뜸이 든다

축제의 불꽃

북대서양에 담근
푸르고 긴 머리카락이 비늘 되어
있던 것과 새로운 것이
표나지 않게
서로를 감싸 공구른
구겐하임은
은빛 아름다움으로 향기를 나누고

축제의 톱니바퀴 돌아

온몸으로 어둠을 두드리는 불꽃
어른과 아이들
남자와 여자들
풀밭을 뒹구는
한껏 과장된 몸짓들에
강한 록밴드 사운드가
휘발유를 확 쏟아붓는다

광인들로 넘치는 광장

서울을 떠나오며 몸 불린 달
이국의 마당가를
숨길 수 없어 당황한다

아바타 공항

아바타다
공항은 아바타의 활동 영역이다

그 흔한 컴퓨터 얼굴 하나 없이
태양이 생겨나 멎은 적 없고
세월이 줄어든 적 없었듯
몸으로 몸을 확인한다

여섯 번의 몸수색
무슨 표시일까?
내 빨간 지갑 속으로
서로 눈을 들이밀며
밀린 줄을 자랑스레 돌아보다
통과를 아까워하는 아바타들

빈 밥상에
수저 한 벌 놓지 않고
시간을 완벽하게 빼내가며
완숙한 몸에 대한 부끄러움도
무례에 대한 미안함도 없이

자신들의 향유를 즐기는
그들은 인도의 아바타다

춤을 추어라

석양의 아비농다리 위에선
소원하던 춤을 추어라
숱하게 이어지는
노랫소리에 춤을 추어라

빙글빙글 무리 따라
저 높은 곳 마리아도
거친 숨결로
옷자락 휘날리더라

제 옷을 벗어 주는
태양과
같이 뛰는 사람들의 은혜를
붉어지는 황혼 속에서
모두 축복하여라

교황청 지붕 위에서
급히
금관을 고쳐 쓰는 여인 따라
세 겹 성벽 골목골목마다
장엄과 쓸쓸함이 치마 밑에 깔리니

금관의 여인이여
그대는 또 이 밤을 지켜라
우리는 춤추고 노래할 테니

GOA, 골목 끝

마른하늘이 바짝 군기가 들었다

그림자 짙은
담장 밑에서
빼쩍 마른 수탉
모가지 늘려 볏을 세우고

좌판을 뒤적거리던 여인
손때 절은 산호목걸이 하나에
지체 높은 부인이 된다

불빛 치마에 눈빛 블라우스를
짝 맞추는 흥정에
얇은 주머니 넘보는
잇속의 골목 끝에서
골 깊은 복근으로 웃어재끼는
아라비아해
그 푸른 혀를 대신 산다

설 장터

대카오스의 현장이다

사람들이 파는 것
사람들이 사는 것
생 것과 익힌 것이 범벅되어
빛가림이 바쁘고

정성 묻은 손길로
사방에 꽃 바치던 사람들이
기도하던 간절한 손으로
식구도 모르게
병풍 뒤로 마음을 숨기는구나

보고 또 봐도
깎을 손톱도 없는 사람들만
분잡스런 장터에 마주 서서
안부에 설인사 더하여 손을 잡는다

잔치의 끝

흥겨움을 잃어버린 파장
번잡하던 광장은
정물이 된 마을 노인들의 캔버스

엷어진 흥분의 회초리 뒤로
소몰이 축제의 여운이
골목마다 펄럭이며
반값 세일을 한다

붉은 모자 붉은 조끼
높이 솟았던 축제의 막대가
돌길 따라 반으로 낮아지고
소뿔은 투우장으로 달려간다

담배부리 물고
싸움소를 기다리던
허연 텁석부리 헤밍웨이
플라타너스 짙은 그늘에 들어
이 거리를 무진 사랑했다는
미국 남자의 긴 이야기를 듣는다

양탄자 시장

중세의 그 골목시장에서
어느 여인이나, 목걸이 하나로
한순간 파라오의 여인이 되지만

양탄자에 시간을 새기던 손으로
인생을 엮어 가는 여인들도
이 길에선
주눅 들지 않는다

신들의 욕망 따라
새로운 신전이 서고
아름다운 꽃들이
그곳에서 많이도 졌도다

향기롭던 꽃들의 한숨
신전 기둥 깊이 스며
뒷마당에 뼈를 심고
하늘에다 꽃수를 놓았겠지

욕망을 더 사고 싶은 많은 사람들
하늘 나는 양탄자는 어제 다 팔려
오늘은 살 수 없어 혀를 찬다

마을, 게르니카

이 작은 시골마을이
스페인이다

언덕배기 골목에 서서
몰려오는 융단폭격
전투기 소리를 듣는다

찢어진 내 가슴에서 솟는 피
구름 타고 오르다
널리 땅을 적시고
풀씨마다 부풀어
푸른 종이 되어라

막바지 여름 즐기는
아이들 웃음소리
좁은 광장에 가득하고
푸른 종소리는
골목골목을 걷는다

한가한 그림

사람 없는 모래밭
눈부신 햇살 아래 앉으면
내 맘이야
비린내 없는 물내음이라

모래알 낱낱에 스민 고함소리는
어디에 머물러 때를 기다리는지
물빛은 눈을 감기고
고운 해풍만 마음에 안겨
그리운 사람들 잊으라 하고

저기 물 너머
나뭇가지 사이로 어른거리는
무너진 성문 궁금치 않고
물 건너는 새털구름 따라
한가로운 그림 즐긴다

우리는 소보다 나을까

펴낸날 초판 1쇄 2020년 5월 15일

지은이 김경조
펴낸이 서용순
펴낸곳 이지출판

출판등록 1997년 9월 10일 제300-2005-156호
주소 03131 서울시 종로구 율곡로6길 36 월드오피스텔 903호
대표전화 02-743-7661 팩스 02-743-7621
이메일 easy7661@naver.com
디자인 박성현
인쇄 (주)꽃피는청춘

값 12,000원

ISBN 979-11-5555-134-9 03810

이 도서의 국립중앙도서관 출판시도서목록(CIP)은 e-CIP홈페이지
(http://www.nl.go.kr/ecip)와 국가자료 공동목록시스템
(http://www.nl.go.kr/kolisnet)에서 이용하실 수 있습니다.
(CIP제어번호: CIP2020017939)